AF533073

LUDWIGSLUST
EINST UND JETZT

Frank Mangelsdorf (Hg.)

LUDWIGSLUST
EINST UND JETZT

TEXTE
Astrid Kloock

AKTUELLE AUFNAHMEN
Thomas Burckhardt

Märkische Oderzeitung

SVZ
Ludwigsluster Tageblatt

vbb

HISTORISCHE AUFNAHMEN
Stadtarchiv Ludwigslust (Sylvia Wegener)

1. Auflage 2018

Binzstraße 19, D–13189 Berlin
www.verlagberlinbrandenburg.de
Redaktion: Camillo Kupke/Uwe Stiehler, Märkisches Medienhaus Redaktion GmbH
Satz und Gestaltung: Ralph Gabriel, Berlin
Druck und Bindung: Euro PB, s. r. o., Příbram

ISBN 978-3-947215-18-8

Inhalt

Um 1910
Schloss Ludwigslust

Herzog Friedrich von Mecklenburg (1717–1785), auch der Fromme genannt, beauftragte in der zweiten Hälfte des 18. Jahrhunderts seinen Hofbaumeister Johann Joachim Busch (1720–1802) mit dem Bau des Schlosses. Die Bausumme wurde auf etwa 150 000 Reichstaler kalkuliert. Das Land war arm. Außer Sand, Holz und Raseneisenstein gab es keine Bodenschätze. Unter diesen Voraussetzungen kann man den Herzog einen kühnen Unternehmer nennen. Innerhalb von vier Jahren entstand mitten in der Griesen Gegend eine repräsentative Schlossanlage, die man später Sanssouci des Nordens oder Mecklenburgisches Versailles nannte. Wenn das auch übertrieben ist, so ist doch die Anlage mit Kirche, Schloss und Straßen ein Ensemble im „Bauernbarock", wie es in Norddeutschland sonst nicht zu finden ist: ein eindrucksvoller Bau, im Kern aus Ziegeln, mit Sandstein umkleidet, in der großen Linie klassizistisch, im Detail barock. Eine Dreiflügelanlage, deren Seitenflügel jedoch nie ausgeführt wurden. Bis zum Jahre 1837 residierten die Herzöge in Ludwigslust. Dann zogen sie nach Schwerin zurück. Das Schloss wurde Sommer- und Jagdresidenz und zeitweise Witwensitz, zu DDR-Zeiten Verwaltungsgebäude. Heute ist das Schloss Eigentum des Landes Mecklenburg-Vorpommern. Das im Schloss untergebrachte Museum ist einer der Standorte des Staatlichen Museums Schwerin und beherbergt unter anderem die sehenswerte herzogliche Gemäldegalerie.

Um 1910
Schloßplatz

Der Platz vor dem Schloss ist mit Kopfsteinen gepflastert, eine übliche Methode der Pflasterung im Mittelalter, aber auch in späteren Zeiten durchaus gebräuchlich. Die runden Steine wurden von den Feldern oder aus Flussbetten gesammelt. So mag das auch hier gewesen sein. In Ludwigslust ist nicht nur der Schloßplatz, sondern sind auch Wege und Straßenränder in der Stadt mit Katzenkopf- oder Bonbonpflaster (wie es im Volksmund genannt wird) ausgelegt. Der Vorplatz zum Schloss ist etwa 80 mal 100 Meter groß. In großherzoglicher Vergangenheit war er dem Exerzieren und Paradieren des Dragoner-Regiments vorbehalten. Die Ludwigsluster Bevölkerung lebte damals weitgehend von und mit ihren Soldaten. Schwadronsfeste, Kasinobälle, Mittagskonzerte, Musikreiten, Manöverritte oder Reitjagden waren wichtige gesellschaftliche Ereignisse. Im 21. Jahrhundert hat das Militär hier keine Bühne mehr. Der Platz wird durch Touristen und Volksfeste belebt, wie zum Beispiel das Barockfest oder die Fischerei- und Jägertage. Katzenkopf- oder bonbongepflasterte große Plätze gibt es nur noch wenige in Deutschland. Man sollte die Ästhetik des schlichten ländlichen Barockensembles genießen, auch wenn möglicherweise die historischen Steine unter den Schuhsohlen drücken.

Um 1910
Schlossbrücke

Die große, aus Granitsteinen gefertigte Brücke führt über den Kanal und verbindet den Schloßplatz mit der Schloßstraße. Die erste Brücke an dieser Stelle war eine Holzkonstruktion. Sie wurde 1780 durch das massive Bauwerk ersetzt. An den Eckpunkten der seitlichen Brückenwände schmücken vier Prunkvasen den Stein. Sie sind von Rudolf Kaplinger (1746–1795), dem Ludwigsluster Hofbildhauer, aus Sandstein gefertigt worden. Eindrucksvoll setzen die Vasen ein Zeichen barocker Pracht auf dem schweren Granit. Sie machen die Brücke präsent und betonen ihre Bedeutung im Stadtentwurf. Über die Brücke führte der Weg vom Hofstaat in die bürgerliche Welt oder umgekehrt. Sie ist auch heute eine Zäsur. Über die Brücke verlässt man die Stadt und betritt den Bereich der Schlossanlage. Da sich die Verkehrsbedingungen seit dem späten 18. Jahrhundert sehr geändert haben, ist der schmale Überweg auf Kopfsteinpflaster für Menschen mit Behinderung nicht ideal. Die Stadt sucht nach einer Alternative, die den Bedürfnissen aller Bürger gerecht wird und zugleich die Ästhetik des historischen Ensembles nicht zerstört.

Um 1950
Schloss/Gartenansicht

Der weitläufige Park hinter dem Ludwigsluster Schloss ist aus einem bescheidenen Barockgärtchen entstanden, angelegt im späten 18. Jahrhundert. Wichtige Gestaltungsmerkmale wie Kanäle, Alleen und Wasserspiele wurden ergänzt durch Staffagebauten, darunter die Grotte (1788) und das Schweizerhaus (1789), wie sie im Zeitalter der Empfindsamkeit Mode waren. Gartenbauarchitekt Jean Laurent Legeay (nach 1710 – nach 1786) und auch Hofbaumeister Johann Joachim Busch hinterließen hier ihre gärtnerische Handschrift. Mitte des 19. Jahrhunderts wandelte sich der Ludwigsluster Schlossgarten zu einem interessanten Landschaftspark mit streng barocken und offenen Bereichen, wie sie bei englischen Gärten üblich sind. Die heutige Parkgestaltung geht im Wesentlichen auf den preußischen Landschaftsarchitekten Peter Joseph Lenné (1789–1866) zurück, der beide Teile der Gartenkunst vereinte. Der Park am Schloss Ludwigslust ist mit einer Fläche von 127 Hektar der größte seiner Art in Mecklenburg. Er ist zu allen Jahreszeiten Anziehungspunkt für einheimische und ausländische Gäste. Für Konzerte und Gartenfeste bietet er eine einmalige Kulisse. Zum jährlich stattfindenden „Kleinen Fest im Großen Park" kommen Besucher aus ganz Deutschland.

Um 1905
Steinerne Brücke

Als Friedrich der Fromme sich entschlossen hatte, seine Residenz von Schwerin in das abgelegene väterliche Jagdschloss Ludwigslust zu verlegen, ließ er als Erstes in den Jahren 1756 bis 1760 das Kanalsystem bauen: 28 Kilometer lang, von der Stör zur Rögnitz, mit 14 Metern Gefälle. Direkt vor dem damaligen Jagdschloss entstand das Meisterwerk der Kaskaden, Fontänen und Wasserfälle, verlief von dort aus durch den Wald und nutzte als Trasse den ehemaligen Jagdweg, der zum Jagdstern der „14 Alleen" führte. Das Kanalsystem prägt seitdem den Charakter des Schlossparks. Wo die Flaniermeile zu den 24 Wassersprüngen beginnt, führt eine Brücke über den Kanal: die Steinerne Brücke. Sie wurde 1780 von Hofbaumeister Johann Joachim Busch aus Granitsteinen erbaut und ersetzte eine ältere Holzkonstruktion. Unterhalb der Brücke stürzt das Wasser etwa anderthalb Meter mit Getöse wie eine Walze hinab und fließt in ruhiger Bahn weiter zum Einsamen Mönch. 1980 zerstörte eine umstürzende Buche Brücke und Schmuckvase. Durch engagierte Bürger konnte beides wiederhergestellt werden. Die Wallanlagen zu beiden Seiten des Kanals bis zum Einsamen Mönch wurden 2014 mit Rasenbänken, Treppenaufgängen und Blumenrabatten erneuert, wie sie auf alten Stichen überliefert sind.

1765
Einsamer Mönch

Der Kanallauf im Ludwigsluster Schlosspark überrascht immer wieder mit Kaskaden, Fontänen und Wasserspielen. Ein aufmerksamer Spaziergänger kann auf dem Weg von der Steinernen Brücke zum Mönch den Wechsel der Wassergeräusche erleben. Nach dem tosenden Sturzwasser unter der Steinernen Brücke begleitet ihn einige hundert Schritte ein ruhig fließender Kanal, der sich zum kreisrunden Bassin weitet, in dessen Mitte eine Fontäne sprudelt, Mönch genannt, im Volksmund Einsamer Mönch. Hofmaler Johann Dietrich Findorff (1722–1772) hat den malerischen Wassersprung auf einem Kupferstich festgehalten. Als Illustration hat der Einsame Mönch in den Tagebüchern des irischen Historikers und Reiseschriftstellers Thomas Nugent (um 1700–1772) im fernen England von Mecklenburgs Schönheit Kunde getan. „Wenn das Auge sich an den ländlichen Szenen der ungekünstelten Natur gleichsam sattgesehen hat, so wird es stufenweise zu den bewunderungswürdigen Auftritten in der Kunst geleitet“, schrieb er in sein Reisetagebuch.

1766
Kaisersaal

Der Kaisersaal im Schlosspark, in der Nähe der rekonstruierten Wälle am Kanal, zwischen der Steinernen Brücke und dem Einsamen Mönch im Buchengehölz gelegen, wurde im Rahmen der Kanalarbeiten anno 1766 errichtet. Der Ludwigsluster Hofmaler Johann Dietrich Findorff hat uns auf einem Kupferstich dessen damaliges Aussehen überliefert. In romantischer Manier zeichnet Findorff das Bild einer Hofgesellschaft, unter hohen Bäumen inmitten überlebensgroßer Kaiserbüsten wandelnd. Dabei sind ihm Anzahl der Büsten und Größenverhältnisse künstlerisch frei geraten – laut Niederschrift von Thomas Nugent gab es zwölf, nicht sechzehn Statuen mit den Büsten römischer Herrscher des ersten Jahrhunderts nach Christus, aus Ludwigsluster Papiermaché gefertigt. Die „Kaiserlichen Hoheiten“ auf den Sandsteinsockeln waren empfindlich gegen Stoß und Schlag. Um 1865 wurden sie durch Schmuckvasen ersetzt. Dann geriet der Kaisersaal in Vergessenheit. Ende des Jahres 2015 ist er wiedererstanden. Am historischen Ort gibt es acht Terrakottavasen auf zum Teil originalen Sandsteinpostamenten – der Versuch einer Erinnerung an den Zeitgeist der Empfindsamkeit.

Um 1890
24 Wassersprünge

Folgt man dem Kanal in nordwestlicher Richtung, gelangt man zu einer Kaskade, die halbkreisförmig angelegt ist. Hier erweitert sich der Kanal – wie schon beim Einsamen Mönch – erneut zu einem kreisrunden Bassin, in dem 24 Wassersprünge sprudeln. Die Fontänen funktionieren ohne Pumpwerk. Allein die Fließgeschwindigkeit und der Druck des in den Rohren angestauten Wassers geben ihnen Kraft. Von der großen Kaskade auf dem Schloßplatz bis zu den 24 Wassersprüngen hat der Kanal einen Höhenunterschied von 7,5 Metern zu überwinden. Der Mecklenburg-Reisende Thomas Nugent war beim Anblick der Wasserspiele zutiefst berührt und schrieb im Jahre 1766: „Wahrlich! Dies ist eine der schönsten Szenen, die ich in meinem Leben gesehen. … Wenn zur Vollkommenheit eines Gartens eine große Mannigfaltigkeit vieler wohlgeformter schöner Szenen erfordert wird, so verdient der Ludwigsluster Park das Prädikat der Vollkommenheit in höchstem Grade.“

Um 1906
Schweizerhaus

Die Gedanken des Philosophen und Aufklärers Jean-Jacques Rousseau (1712–1778), speziell seine Betrachtungen zur Beziehung Mensch-Natur, spielten auch am Ludwigsluster Hof eine Rolle und beeinflussten die Gestaltung der Schlossumgebung. Das Waldgebiet westlich der Hofdamenallee wurde um 1790 als eine Art Dorflandschaft in den Schlossgarten einbezogen. Baumeister Johann Joachim Busch baute drei sogenannte Schweizerhäuser inmitten der Wiesen und Hausgärten. Das größere wurde der Lieblingsaufenthaltsort der schwergewichtigen Herzogin Louise. Als sie 1808 starb, wurde sie, ihrem ausdrücklichen Wunsch entsprechend und gegen alle Konventionen, am Schweizerhaus unter einem ihrer geliebten alten Bäume bestattet. Ihre endgültige Ruhestätte fand sie einige Jahre später im Louisen-Mausoleum. Nach ihrem Tod hatte das markante Fachwerkhaus mit dem großen Reetdach bis in die Gegenwart hinein eine wechselvolle Geschichte. Während des Ersten Weltkrieges war es Lazarett, später Jugendherberge, TBC-Tagesstätte und schließlich Ausflugslokal. In heutiger Zeit findet alle Jahre in den Sommermonaten auf der großen Wiese vor dem Schweizerhaus das beliebte Picknickkonzert statt. „Meck Proms on tour“ – die Mecklenburgische Staatskapelle Schwerin spielt Musik aus Operette, Musical und Film.

Um 1914
Katholische Kirche

Als Friedrich der Fromme seinen Ludwigsluster Hofstaat plante, hatte er im protestantischen Mecklenburg kein katholisches Gotteshaus vorgesehen. Er ließ zunächst die Hofkirche (Stadtkirche), danach das Schloss errichten und holte dann seine berühmte Hofkapelle nach Ludwigslust. Viele ihrer Mitglieder waren Katholiken. Der Wunsch, einen Ort für ihre Gebete zu haben, wurde ihnen erst von Friedrich Franz I. (1756–1837), dem Neffen und Nachfolger von Friedrich dem Frommen, erfüllt. Der liberale Herzog stellte ihnen 1803 die kleine Insel am Festplatz als Bauland zur Verfügung. Mit dem Bau des Gotteshauses wurde 1804 unter Johann Christoph Heinrich von Seydewitz (1748–1824) begonnen. Er konnte nach vielen Verzögerungen erst 1809 von Johann Georg Barca (1781–1826) vollendet werden. Acht Jahre später, 1817, wurde der neogotischen Kirche ein separater Glockenturm beigestellt, ebenfalls im Stil der Neogotik. Die Kirche, als „architektonischer Parvenü" nicht von allen geliebt, bewahrt in ihrem Inneren zwei gotische Schätze: Die beiden „Apostelfenster" hinter dem Altar sind Hochgotik aus dem 14. Jahrhundert. Sie stammen aus dem alten Hamburger Dom. Der geschnitzte Altaraufsatz ist Teil des ehemaligen Levitenstuhls aus dem Doberaner Münster; das Holz konnte auf 1317 datiert werden.

1987
Freilichtbühne

Der herzogliche Park am Schloss Ludwigslust stand jederzeit allen Besuchern offen, mit Ausnahme des sogenannten Herzoginnengartens westlich des Schlosses. Er war der fürstlichen Familie vorbehalten. Großherzogin Auguste (1822–1862) hatte ihn als Blumengarten mit zahlreichen exotischen Gehölzen und dekorativen Teppichbeeten anlegen lassen. Er wurde zu DDR-Zeiten vernachlässigt und verschwand schließlich ganz. An seiner statt wurde 1959 eine Freilichtbühne gebaut. Ihr kulturelles Angebot reichte von Kinovorführungen und Konzerten bis zu den Veranstaltungen der Landeskulturtage. Sie war bei der Bevölkerung sehr beliebt. Mit den Jahren wurde der bauliche Zustand der Open-Air-Bühne bedenklich. Im Jahre 1999 wurde sie schließlich abgerissen. Heute gibt es an dieser Stelle wie zu Zeiten der Großherzogin Auguste wieder einen Blumengarten. Soweit aus den Unterlagen ersichtlich, folgt er in Wegeführung und Beetgestaltung der herzoglichen Anlage. Im Gegensatz zu den damaligen Zeiten kann heutzutage ein jeder im Herzoginnengarten lustwandeln.

Um 1920
Helenen-Paulownen-Mausoleum

Das neoklassizistische Mausoleum, umgeben von stattlichen Eichen und Buchen, in ruhiger Randlage des Schlossparks, ist im Gedenken an die Großfürstin Helena Pawlowna Romanowa (1784–1803) in den Jahren 1804 bis 1806 errichtet worden. Sie war die zweite Tochter des Zaren Paul I. von Russland (1754–1801). Sie war vierzehn, als sie mit Friedrich Ludwig, dem Erbprinzen von Mecklenburg, verheiratet wurde, und starb mit achtzehn Jahren, kurz nach der Geburt ihrer Tochter Marie Luise Friederike (1803–1862). Das Mausoleum ist ein Ziegelsteinbau, kalkverputzt und auf der Grundlage eines länglichen Vierecks von 20 mal 12 Metern errichtet. Neun Stufen führen zur Vorhalle. Der Eingang wird von vier Sandsteinsäulen getragen. Im Obergeschoss befand sich eine russisch-orthodoxe Kapelle. Die Ikonostase dieser Kapelle bemalte Rudolph Suhrlandt (1781–1862) mit Heiligenbildern. Bis zum Zweiten Weltkrieg wurde das Mausoleum als Begräbnisstätte für die Großfürstin und weitere Mitglieder der herzoglichen Familie genutzt. Zu DDR-Zeiten diente es als Zentraldepot für das damalige Museum für Ur- und Frühgeschichte Schwerin. Nach seiner Sanierung (seit 2003) ist es wieder als herzogliche Grablege eingerichtet. Am Architrav steht in goldenen Buchstaben die Widmung: Helenen Paulownen.

Um 1908
Große Kaskade

Hofbaumeister Johann Joachim Busch ließ in den Jahren 1756 bis 1760 in Vorbereitung des Schlossbaus einen langen Kanal anlegen. Das Wasser holte er aus den Flüssen Stör und Rögnitz. Damit hatte er einen wichtigen Transportweg für das Baumaterial geschaffen, außerdem war ein fließendes Gewässer eine Voraussetzung für die geplanten Wasserspiele. Mit der Großen Kaskade nimmt das Kanalsystem seinen Anfang. Sie ist der gestalterische Höhepunkt im Bereich des Schloßplatzes. Die siebzig Meter breite Kaskade war zunächst aus Holz gebaut. 1780 erhielt sie ihr heutiges Aussehen. Die Holzkonstruktion wurde durch Granit ersetzt. Bildhauer Rudolf Kaplunger schuf den plastischen Schmuck – zwei überlebensgroße Flussgötter, Allegorien für Stör und Rögnitz. Sie prangen in der Mitte der Kaskade neben dem mecklenburgischen Wappen, seitlich von ihnen sind Figurengruppen mit spielenden Kindern zu sehen. Die Kaskade hat eine Besonderheit: Das fließende Wasser ist auch im Winter in Bewegung und bildet bei Frost bizarre Eisschönheiten.

Um 1990
Alte Feuerwache

Das ockerfarbene Bauwerk am Schloss heißt in den Archivunterlagen Spritzenhaus. So lautete bis ins 19. Jahrhundert die Bezeichnung für Häuser, in denen die Feuerwehrmänner ihre Spritzen und Fahrzeuge aufbewahrten. Oft wurden die Häuser auch als Gefängnis genutzt. Das ist vom Spritzenhaus in Ludwigslust nicht bekannt, wohl aber, dass das Bauwerk am Schloss zunächst als Orangerie geplant war. Eine Feuersbrunst war vor dreihundert Jahren gefürchtet wie die Pest. Es war wichtiger, die Wasserspritze in der Nähe zu haben und nicht die Oleanderbäumchen. Das Spritzenhaus – die Feuerwache – wurde 1814 von Hofbaumeister Johann Georg Barca geplant und gebaut. Das Haus gehört zum historischen Ensemble Schloss-Stadtkirche-Marstall-Wache-Prinzenpalais-Waschhaus-Park. Barca hatte eine profunde Ausbildung unter anderem bei Meistern in Rom, Paris und Wien absolviert. Dabei hatte ihn der Großherzog mit Stipendien unterstutzt. Barca hat das Ludwigsluster Stadtbild wesentlich geprägt. Nach der Wende wurde das Spritzenhaus saniert, seitdem wird es gastronomisch genutzt. Die Alte Feuerwache mit Restaurant und Café ist sommers wie winters ein beliebter Platz zum Verweilen zwischen Stadt und Schloss.

Um 1900
Affentempel

Den sogenannten Affentempel im Umfeld des Schloßplatzes gibt es schon lange nicht mehr. Die Bilder und Postkarten mit dem Häuschen, das wie ein Teepavillon aussah und in dem man – so wird erzählt – zeitweise auch ein Äffchen gehalten haben soll, dokumentieren eine Zeit, in der der Glanz der Residenz von Ludwigslust gewichen war. Der Großherzog dirigierte die Geschicke des Landes von Schwerin aus. Ludwigslust war zur Sommer- und Jagdresidenz degradiert. Zu dieser Zeit, in der zweiten Hälfte des 19. Jahrhunderts, widmete man dem Schlosspark große Aufmerksamkeit. Einige Partien wurden nach Plänen von Peter Joseph Lenné erweitert. Die großherzogliche Familie hatte immer noch eine starke Bindung an den Ort und kehrte zu Feierlichkeiten oder einfach zum Wohlbefinden im höfischen Ambiente gern nach Ludwigslust zurück. Auch ohne Großherzog und Teehäuschen ist das Umfeld der Kaskade mit dem Bassin, seinen Bäumen sowie Grünanlagen noch heute ein Ort zum Spazieren und Verweilen.

Um 1900
Neue Wache

Im südwestlichen Teil des Schloßplatzes befindet sich die Neue Wache. Sie wurde 1853 im spätklassizistischen Stil nach den Plänen von Karl Johann Ludwig Wachenhusen (1818–1889) errichtet. Wachenhusen stand ab 1846 in großherzoglichen Diensten. Ab 1868 bekleidete er das Amt des Landbaumeisters in Ludwigslust. Mit der Neuen Wache ist ihm ein markanter Bau gelungen. Die drei Bögen der Vorhalle geben dem Gebäude ein majestätisches Aussehen. Im Pflaster der Vorhalle sind noch heute die Sandsteine für die Gewehrkolbenhalterungen zu erkennen. Die Wache diente als Quartier der Wachmannschaften des Großherzoglich Mecklenburgischen Dragoner-Regiments Nr. 17. Im Obergeschoss befanden sich einige Arrestzellen. Nach der Wende war in diesem historischen Haus zeitweise die Ludwigslust-Information untergebracht. Danach betrieb der Verein zur Pflege des mecklenburgischen Brauchtums hier eine Schauwerkstatt. Heute trägt das denkmalgeschützte Gebäude aus dem 18. Jahrhundert den Namen Alte Wache und ist ein empfehlenswertes Café und Restaurant.

7. Mai 1945
Bestattung der Opfer des KZ Wöbbelin

Zwischen Stadtkirche und Schloss, mitten im historischen Ensemble, macht ein schlichtes Gräberfeld auf sich aufmerksam. Es ist ein Ort des Gedenkens an die Opfer des Nationalsozialismus. Unweit von Ludwigslust, in Wöbbelin, hatte die SS noch in den letzten Kriegswochen ein Auffanglager eingerichtet. Das KZ Neuengamme und andere Lager befanden sich wegen der heranrollenden alliierten Truppen in Auflösung. Die Häftlinge sollten weiter nach Westen verbracht werden. Das Auffanglager Wöbbelin existierte zwei Monate. Am 2. Mai 1945 wurde es von der 82. US-Luftlandedivision befreit. Mehr als eintausend Gefangene aus 25 Nationen fanden hier durch Misshandlung, Hunger und Erschöpfung den Tod. Zweihundert der Opfer wurden am 7. Mai 1945 in Ludwigslust bestattet. Einwohner der Stadt mussten die Gräber schaufeln und die Toten in die Erde legen. 1951 stellte der Ludwigsluster Künstler Herbert Bartholomäus einen Kubus aus Sandstein an diesen Ort, der ein Platz des Gedenkens geblieben ist. An jedem 27. Januar, dem bundesweiten Gedenktag für die Opfer des Nationalsozialismus, treffen sich dort Menschen aller Generationen und schmücken die Gräber mit Blumen.

Um 1890
Taubstummenanstalt

Der zweigeschossige Bau am Kirchenplatz 13 fällt zwischen den schlichten Niedrighäusern sofort ins Auge: die ehemalige Taubstummenanstalt. Taubstumme Menschen wurden in den 1830er-Jahren in Mecklenburg zum ersten Mal zahlenmäßig erfasst. Man ermittelte 348 Betroffene, die aufgrund ihrer Behinderung keine Ausbildung erhielten. Im Jahre 1840 wurde die Taubstummenanstalt gegründet. Der erste Lehrer an der Taubstummenschule war Christian Benque (1811–1883). Er unterrichtete Kinder aus ganz Mecklenburg im Alter von acht bis 16 Jahren. Die Einrichtung wurde 1950 zur Gehörlosenschule, fünf Jahre später zur Schwerhörigenschule. Nach der Wende wurde im Land Mecklenburg-Vorpommern ein Landesförderzentrum für Hörgeschädigte mit Sitz in Güstrow geschaffen. Das Haus am Kirchenplatz blieb Bildungseinrichtung. Hier zogen 1993 Musikschüler ein. Schon seit 1953 gab es in Ludwigslust eine Volksmusikschule. Sie hatte ihre Unterrichtsräume im jetzigen Hotel de Weimar. Die Musikschule bezog 1993 das sanierte und denkmalgeschützte Haus am Kirchenplatz. Seit 2013 trägt die Schule den Namen eines berühmten Komponisten und Musikers, der in der Hofkapelle des Herzogs den Kontrabass gespielt hatte: Johann Matthias Sperger (1750–1812).

Um 1955
Hamburger Tor

Als Hofbaumeister Johann Joachim Busch im Jahre 1786 das Hamburger Tor errichtete, hatten Stadttore ihre Funktion längst verloren. Umfriedungen zum wehrhaften Schutz einer Stadt waren nicht mehr notwendig. Außerdem war Ludwigslust keine Stadt. Ein Tor konnte bestenfalls symbolische Wirkung entfalten. Dennoch wurde in den 1820er-Jahren ein Palisadenzaun gebaut, und neben dem Hamburger gab es noch das Grabower und das Schweriner Tor. Keines dieser Tore war eine bauliche Schönheit. Das Hamburger Tor am Ende der Louisenstraße, heute Clara-Zetkin-Straße, entwickelte sich im 20. Jahrhundert mit zunehmender Ausdehnung der Stadt bald zum Verkehrshindernis. 1963 wurde es abgerissen. Es war das zuerst gebaute und das bis zuletzt erhalten gebliebene Stadttor. Das Torwächterhäuschen rechts vor dem Tor brannte 1996 ab. Die Stadtmauer um Ludwigslust herum blieb ein unvollendeter Versuch. Schon 1860 wurde sie wieder abgetragen. Reste der Mauer sind noch heute an einigen Stellen zu sehen. Sie bestehen aus Raseneisenstein, einem typischen Rohstoff der Griesen Gegend. Das macht sie selbst als Mauerrest bemerkenswert.

Um 1908
Stadtkirche

Die Stadtkirche ist im Barockensemble, das als das größte in Mecklenburg gilt, das auffälligste Bauwerk. Hofbaumeister Johann Joachim Busch hat sie in den Jahren 1765 bis 1770 erbaut. Sie ist ein aus Backsteinen errichteter, äußerlich schlicht verputzter Saalbau mit Mansardendach. Ein überbreiter kulissenartiger Portikus mit toskanischer Säulenhalle vertuscht die wirkliche Größe des Kirchenkörpers. Die Schaufront ist bekrönt mit vier Sandsteinfiguren der vier Evangelisten und einem hohen Christusmonogramm. Im Inneren der Kirche überrascht das monumentale, mehrdimensionale Wandgemälde *Verkündigung der Geburt Christi an die Hirten*. Das Gemälde füllt den gesamten Chorraum. Es gilt als das größte dieser Art in Europa. Hofmaler Johann Dietrich Findorff begann mit seiner Arbeit am Bild im Jahre 1770, erst dreißig Jahre später wurde es von Heinrich Suhrlandt vollendet. Das Gemälde besteht aus mehr als 1 000 bemalten Vierecken aus Papiermaché. Es nimmt eine Fläche von 350 Quadratmetern ein. Die Orgel der Kirche ist unsichtbar hinter dem Gemälde verborgen. Dem Altar gegenüber prangt die Fürstenloge in aufwendigem barockem Putz, ähnlich den fürstlichen Theaterlogen jener Zeit. Eine Kirche, die von außen wie ein griechischer Tempel und innen wie ein Hoftheater wirkt, ist nicht nur für die Griese Gegend ungewöhnlich.

Um 1905
Schloßstraße

Wie die Kirche und das Schloss entstanden die Straßen der Residenz nach den Plänen von Hofbaumeister Johann Joachim Busch. Er löste die herzogliche Aufgabe mit Bravour, projektierte Straßen und Häuser für Ludwigslust so kostengünstig wie nötig und so eindrucksvoll wie möglich. Protokollgerecht plante er die Schloßstraße für den höfischen Anspruch, die Kanalstraße für Offiziere und Schulen, die Louisenstraße (heute Clara-Zetkin-Straße) und die Nummerstraße für die Soldaten. Die Schloßstraße ist die schönste unter ihnen. Fahrdamm, Reitwege, Bürgersteige, gesäumt von Lindenbäumen, sind großzügig zugeschnitten, so als wäre man in der weiten Welt und nicht im armen Mecklenburg; eine Straße zum Flanieren und Knicksen, wenn sich etwa an Gedenk- und Feiertagen Seine Königliche Hoheit Herzog Friedrich Franz I. (ab 1815 Großherzog von Mecklenburg) mit Gefolge zum Schloss hin- oder von dort fortbewegte oder die Rosse der Dragoner über die Pflastersteine klapperten. Die Häuser in der Schloßstraße sind mit der Frontseite auf Kante ausgerichtet. Sie haben einheitliche Gesichter, sind aus rotem Backstein gebaut, zweigeschossig, mit Walmdächern gedeckt und tragen grazile Balkone an der Brust. Ihr Ensemble hat keinen Vergleich in Norddeutschland. Auch heute noch ist die Schloßstraße eine der schönsten in der Stadt, sie hat ihr bauliches Flair über zweihundert Jahre bewahrt, und Geschäfte, Restaurants und Cafés haben ihre Türen geöffnet.

Um 1900
Hotel de Weimar

Das Gasthaus an der Schloßstraße wurde 1773 von Hofbaumeister Johann Joachim Busch errichtet. Der prächtige Bau diente dem Großherzog Friedrich Franz I. als Gästehaus für herzogliche Reisende. 1810 erhielt es den Namen Hotel de Weimar, zum Zeichen der Bindung an den Hof und der höfischen Umgangssprache – und auch als Reverenz an die beliebte Prinzessin Karoline Luise von Sachsen-Weimar-Eisenach (1786–1816), die 1810 den späteren Erbgroßherzog Friedrich Ludwig geheiratet hatte. Das Gasthaus hat eine interessante Hauptfassade, die durch einen Risalit in drei Geschosse gegliedert und von einem Giebel bekrönt ist. In diesen Giebel wurde die Uhr des alten Jagdschlosses eingebaut. Uhren waren damals ein Statussymbol, das Kirchen und anderen wichtigen Bauten vorbehalten blieb. Gastwirt Steyer erhielt im Jahre 1831 30 000 Soden (ausgestochene Stücke) Torf als Entschädigung für die Pflege und den Erhalt der alten Uhr. Bis 1949 wurde das Haus als Hotel geführt. Zwischen 1949 und 1990 waren Hort und Schule hier untergebracht. 1993 wurde der historische Teil des Hauses restauriert und erweitert. Inzwischen ist das traditionelle Gebäude wieder Hotel und Restaurant für gehobene Ansprüche. Das von Wilfried Glania-Brachmann geführte Hotel de Weimar ist eine auch über Mecklenburg-Vorpommern hinaus bekannte Adresse.

Um 1900
Hofbäckerei

Im Allgemeinen entwickeln sich Städte durch ihr Anwachsen von Handel und Gewerbe. Der Marktplatz ist neben der Kirche das Zentrum eines Gemeinwesens. Anders in Ludwigslust. Der Herzog wollte einen Hofstaat ohne Lärm und Unruhe. 1760 gab es noch keinen Bäcker, keinen Fleischer, keine Kaufleute, jedoch mussten die Beamten und Hofbediensteten versorgt werden. Täglich brachten Eselskarren aus Grabow Brot, Fleisch und Gemüse in den Nachbarort. Grabow war die Vorratskammer für Ludwigslust. Die eigene wirtschaftliche Entwicklung begann erst mit der Marktfleckengerechtigkeit im Jahre 1793. Zu diesem Zeitpunkt war die „Stadt vom Reißbrett" fertig. Ein Marktplatz war im großherzoglichen Plan nicht vorgesehen. Er fehlt in Ludwigslust bis auf den heutigen Tag. Noch vor der Marktfleckengerechtigkeit gab es für einige „Freimeister" eine Ausnahmegenehmigung. Sie bekamen ihre Rechte vom Großherzog verliehen. Der Erste, der sich Freimeister nennen durfte, war Hofbäcker Breuel, Schloßstraße 24. An diesem Standort hat das Bäckerhandwerk anscheinend „goldenen Boden". Die Backstuben wechselten ihre Besitzer, aber ob sie Breuel, Junghans oder Zank hießen, ihre Brote gingen immer als heiße Ware über den Tisch. So ist es auch gegenwärtig bei Bäckermeister Uplegger, der sich nicht mehr „Hofbäcker" nennt, aber zu den beliebtesten Stadtbäckern gehört.

Um 1965
Drogerie Becker

Hofbaumeister Johann Joachim Busch hatte die Schloßstraße vorrangig für Wohnungen konzipiert. Jedes geschäftliche Treiben war dem Herzog unerwünscht. Diese hofstaatlich verordnete Ruhe hielt bis zum Ende des 18. Jahrhunderts an. Auch im 19. Jahrhundert war die Schloßstraße noch eine bevorzugte Wohnadresse, aber seit Ludwigslust im Jahre 1876 das Stadtrecht zuerkannt worden war auch eine zunehmend wichtige Geschäftsstraße. Heute sind Straße und Häuser denkmalgeschützt. Einige Geschäfte fallen durch besondere Schönheit auf. Sie tragen Merkmale des vergangenen Jahrhunderts, wie zum Beispiel die zum Halbrund gebogenen Schaufensterscheiben am Drogeriehaus Becker. Die Drogerie Becker ist seit 1936 in Familienbesitz. Frau Becker führte das Geschäft seit 1942 bis in die Achtzigerjahre. Nach der Wende gab es unterschiedliche Nutzungen, im Hauptladen wie im Seitenflügel: Buchladen, Zigarettenladen, Teegeschäft. Am alten Backsteinhaus prangen noch immer die Buchstaben „Drogerie Becker". Darunter arbeitet ein Kosmetiksalon. Im kleinen Seitenflügel führt seit neun Jahren ein Kunstverein den „Gelben Salon".

Um 1930
Rathaus

Das Rathaus ist um 1780 nach Plänen von Baumeister Johann Joachim Busch als Gerichtshaus gebaut und eingerichtet worden. Einen Teil des Hauses nutzte die Herzogliche Carton Fabrique, die hier bis 1817 Büsten, Möbel und Zierrat aus Papiermaché herstellte. Das Papiermaché ist eine Berühmtheit in der Ludwigsluster Geschichte. Arbeiten aus der Carton Fabrique kann man im Schloss und in der Stadtkirche bewundern; sie wurden mit großem Erfolg auch an viele europäische Höfe verkauft. Das Rathaus war im 19. Jahrhundert Sitz des Gerichts. Mit der Verleihung des Stadtrechts 1876 beherbergte es auch Wohnung und Amtsstube des Bürgermeisters. Von 1884 bis 1935 befand sich im Rathaus die erste Geschäftsstelle der Sparkasse. In den Jahren 1993 bis 1996 wurde das Gebäude umfangreich saniert. Heute verbindet ein Lichthof das historische Gebäude mit einem modernen Anbau. Äußerlich dem architektonischen Flair seiner Entstehung verpflichtet, bietet sein Inneres Raum für Verwaltung und Öffentlichkeit und ist ein gesellschaftlicher Mittelpunkt der Stadt.

Um 1906
Ratskeller

Vielerorts ist in den Rathäusern auch der Ratskeller untergebracht, eine Restauration, die in besonderem Maße Bezug nimmt auf die Bedeutung der Stadt. Das ist in Ludwigslust nicht der Fall, denn Ludwigslust hat sich nicht organisch als Stadt entwickelt, sondern wurde als Residenzstadt konzipiert. Das stattliche Gebäude in der Nummerstraße hatte zunächst nur indirekt mit Essen und Trinken zu tun. Es wurde im 18. Jahrhundert gebaut, noch bevor sich produzierendes Gewerbe in Ludwigslust ansiedeln durfte. Bäcker und Schlachter aus Grabow nutzten das große Haus als provisorische Verkaufsstelle. Im Laufe der Jahre entwickelte sich daraus ein Schankgeschäft, beliebter Treffpunkt für viele Vereine in der Stadt, wie den Verein Mecklenburgischer Eisenbahnbeamter und den Radfahrerverein. In den Jahren nach 1945 bis in die Gegenwart wechselte das Haus vielfach seine Besitzer. Im Jahre 1999 wurde der Ratskeller durch Feuer zerstört. Die Frage nach dem Wiederaufbau ist leider nicht positiv beantwortet worden. Ein Ratskeller am Ende der Nummerstraße, der „Soldatenstraße“, hätte der Stadt gut zu Gesicht gestanden und die Kneipenkultur belebt.

KAISERLICHES POSTAMT
LUDWIGSLUST
Schlossstrasse mit Post
J. T. 103. Verlag von Paul Brix, Ludwigslust.

Um 1900
Post

Die erste Postanstalt in Ludwigslust lässt sich auf das Jahr 1767 am Standort Schloßstraße 1 festlegen. Dort blieb das Postamt bis 1828. Bald waren die Räumlichkeiten zu klein. Deshalb entschied der Großherzog, das Haus des Hofmarschalls von Bothe an der Schloßstraße 41 für die Post einzurichten. Es wurde 1828 als Großherzoglich-Mecklenburgisches Hof- und Hauptpostamt in Betrieb genommen. Ein Pferdestall, Remisen und weitere Nebengebäude gehörten dazu. Das Wachstum der Stadt in den nächsten Jahrzehnten machte einen Postneubau nötig. Die neue Post entstand auf dem alten Gelände im Stil der Gründerzeit. Über dem Hauptportal, das von einem Stufengiebel mit Uhr bekrönt war, stand in goldenen Lettern „Kaiserliches Postamt". Die Einweihung fand 1888 statt. In den folgenden einhundert Jahren war das rote Postamt in allen Post- und Telegrafenangelegenheiten immer ein wichtiger Anlaufpunkt für die Ludwigsluster Bürger. Nach der staatlichen Einigung 1990 traten strukturelle Veränderungen in Kraft. Am 1. Oktober 1997 endete nach 230 Jahren die Epoche privater und staatlicher Postverwaltung. Lange Jahre stand das respektable Postgebäude leer. Nach umfangreichen Sanierungsarbeiten beherbergt es heute das Kooperative Bürgerbüro und dient verschiedenen Serviceeinrichtungen der Stadt.

Nach 1945
Hinstorffsche Hofbuchhandlung

Die Eckhäuser Schloßstraße 50 und 51 flankieren den Alexandrinenplatz und machen mit rustiziertem Mauerwerk besonders auf sich aufmerksam. In der Nr. 51 gründete Dethloff Carl Hinstorff (1811–1882) im Jahre 1835 eine Buchhandlung, die seit 1836 den Namen Hinstorffsche Hofbuchhandlung trug. Unter der Verlagsleitung von Hinstorff und Carl Kober wurden hier Zeitungen und Zeitschriften sowie Bücher von Fritz Reuter (1810–1874) und anderen Autoren herausgegeben. 1924 bezog Johannes Gillhoff (1861–1930) eine Wohnung im Obergeschoss. Gillhoff war bereits mit seinem Roman *Jürnjakob Swehn, der Amerikafahrer* über den deutschen Sprachraum hinaus bekannt geworden. Gemeinsam mit Otto Kärst (1897–1965), der 1922 die Verlagsbuchhandlung mit Druckerei übernommen hatte, gab Gillhoff die *Mecklenburgischen Monatshefte* heraus, die von 1925 bis 1930 im Heimatverlag der Hinstorffschen Hofbuchhandlung Ludwigslust erschienen. Über einhundert Jahre war die Schloßstraße 51 ein Haus der Literatur. Heute ist die Firma Adler mit ihrem Computerservice dort zu Hause.

1932
Dragonerdenkmal

Die Mitglieder des Bundes ehemaliger Angehöriger des Dragoner-Regiments Nr. 17 meinten auf ihrem Treffen zum zehnten Gründungsjubiläum, es sei an der Zeit, zur Erinnerung an das alte Regiment ein Denkmal zu errichten. Es war das Jahr 1929. Die Menschen litten unter der Weltwirtschaftskrise. Dennoch gelang es, innerhalb von drei Jahren die erhebliche Summe von 20 000 Reichsmark durch Spenden zusammenzutragen. Entwurf und künstlerische Ausführung stammten von dem Bildhauer Emil Cauer dem Jüngeren (1867–1946). Im Juli 1932 wurde das Denkmal enthüllt. Es hatte kein langes Leben. 1946, kurz nach dem Zweiten Weltkrieg, wurde die Bronzeplastik entfernt. In den Köpfen und Herzen der Menschen war kein Platz mehr für militärische Ehrungen. Seit 2003 gibt die *Reitende Alexandrine* dem Platz eine andere Botschaft. Mit der klugen und schönen Großherzogin Alexandrine (1803–1892) verbinden sich angenehme Erinnerungen an die Geschichte der Stadt. Die Bronze ist eine Arbeit der Bildhauer Andreas Krämmer und Holger Lassen in Kooperation mit dem Berliner Architektenbüro Torinus & Altemüller.

Um 1904
Gymnasium

Bereits 1774 wurde in Ludwigslust für die Söhne aus adligem Haus eine Lateinschule eingerichtet. Sie hatte in der Schloßstraße 4 ihr erstes Domizil. Aus ihr ging die Rektorschule hervor, die 1845 das neue, repräsentative Gebäude am Alexandrinenplatz 1 bezog. Sie entwickelte sich weiter zur Realschule (1872) und schließlich zum Großherzoglichen Gymnasium (1884). Nach dem Zweiten Weltkrieg änderte sich die Schulform. Als Erweiterte Oberschule führte sie die Schüler in den Klassen 9 bis 12 zum Abitur. Ende der 1990er-Jahre begann der Umzug der Schule auf das Garnisonsgelände. Drei Kasernen der ehemaligen Garnison standen nach dem Abzug der sowjetischen Truppen leer. Mit dem Schuljahresbeginn 1999 wurde das letzte der drei Gebäude freigegeben. Mehr als siebenhundert Schüler des Landkreises lernen hier in einem modern eingerichteten Haus, das den Namen Goethe-Gymnasium trägt. Im ehemaligen Gymnasium am Alexandrinenplatz ist das Mehrgenerationenhaus Zebef e.V., Zentrum für Bildung, Erholung und Freizeit, untergebracht. Das Mehrgenerationenhaus, mitten in der Stadt, ist ein Treffpunkt für Menschen jeden Alters, aller Hautfarben und aller Religionen.

Um 1935
Marstall

Als imposanten Abschluss der Schloßstraße konzipierte Hofbaumeister Johann Georg Barca auf Geheiß des Großherzogs Friedrich Franz I. einen neuen Marstall. 1816 begann Barca mit dem Bau. Es sollte ein funktionstüchtiger Komplex mit Nebengebäuden, mit Dienstwohnungen, Geschirr-, Geräte- und Futterkammern werden. Allerlei Probleme verzögerten die Bautätigkeit. 1818 kam sie kurzzeitig zum Erliegen. Erst 1821 wurde der Marstall fertig. Ein gelungener Bau, der sich in die urbane Struktur einfügte sowie Funktion und Ästhetik miteinander verband. Er wurde dem Dragoner-Regiment zur Verfügung gestellt. Nach 1945 nutzte die Sowjetarmee das Garnisonsgelände. Leider sind dort der Marstall und andere Gebäude vernachlässigt worden und mussten in den 1950er-Jahren abgerissen werden. Heute existiert vom Marstall nur noch ein Mauerfragment. Wo er einst stand, öffnet sich heute der Blick in eine moderne Einkaufsmeile.

Um 1996
Mauerreste im Garnisonsgelände

Als der großherzogliche Hof im Jahre 1837 nach Schwerin zurückzog, wurden die Dragoner-Eskadronen von Grabow nach Ludwigslust verlegt und füllten die entstandene Leere im gesellschaftlichen Alltag. Mit der Vergrößerung des Militärs hatte auch der Bestand an Pferden zugenommen. Die vorhandenen Stallungen reichten nicht aus für die 2. und 4. Eskadron des Großherzoglich Mecklenburgischen Dragoner-Regiments Nr. 17. Im Jahre 1832 gehörten 232 Pferde zum Regiment. Zehn Jahre später waren es dreimal so viele. 1919 war die Zahl der Pferde auf 1 400 gestiegen. Also mussten die Ställe erweitert werden. 1844 wurde der Stall der 4. Eskadron auf dem Garnisonsgelände fertiggestellt. 1883 folgte in südlicher Verlängerung ein Anbau für die Pferde der 2. Eskadron. Nach dem Abzug der sowjetischen Truppen (1991/92) wurden auf dem leer gezogenen Areal Unmengen von kontaminiertem Boden, Beton, Asphalt und Mauerresten abgetragen. Das Gelände wurde nach dem städtebaulichen Rahmenplan saniert und in mehreren Abschnitten bis 2003 neu bebaut. Unter anderem sind hier ein Einkaufszentrum, ein Gymnasium und aus der ehemaligen Reithalle die Stadthalle entstanden. Mauerreste des einstigen Reitstalls stehen unter Denkmalschutz. Sie sind eine dekorative Begrenzung der dahinter liegenden neuen Wohnquartiere.

Um 1904
Direktorenwohnung

Der Zirkelplatz, auf dem heute die Alexandrine steht, ist eingerahmt von repräsentativen, unverputzten Häusern. Eines der Eckhäuser, ehemals Schulstraße 26, wurde 1835 als Wohnhaus für den Direktor des Gymnasiums errichtet. Wie die anderen Eckhäuser am Platz beeindruckt es durch sein rustiziertes Mauerwerk. Die Schulstraße, heute Lindenstraße, wurde im Wesentlichen im 19. Jahrhundert bebaut. Die zweigeschossigen, unverschnörkelten Backsteinbauten waren als Verwaltungsgebäude bestens geeignet und kamen der Stadtentwicklung zupass. Seit 1801 hatte Ludwigslust ein eigenes herzogliches Gericht mit der Verfassung und den Rechten einer Stadt. Ab 1838 wurde der Sitz des Amtsgerichts in der Schulstraße eingerichtet. Das Eckhaus Nr. 26 hat entsprechend den gesellschaftlichen Gegebenheiten unterschiedliche Nutzungen erfahren, die oft im Zusammenhang mit dem räumlich nahe gelegenen Gymnasium standen. In den 1960er Jahren wohnten dort die Internatsschülerinnen der Erweiterten Oberschule. Heute ist das stattliche Eckhaus eine begehrte Wohnadresse und steht allen Mietern, nicht nur Direktoren, frei.

Um 1955
Sparkasse

Die städtische Sparkasse wurde 1883 als Ludwigsluster Ersparnisanstalt gegründet. Sie hatte im Obergeschoss des Rathauses ihre erste Geschäftsstelle, die ehrenamtlich geführt wurde und für eine überschaubare Kundenzahl ein- bis zweimal wöchentlich geöffnet hatte. Das änderte sich mit der Entwicklung der Stadt. Um 1920 besuchten täglich etwa 1 000 Kunden die Sparkasse. Die Räume im Rathaus wurden zu klein. 1935 erhielt sie ein eigenes Gebäude in der Schulstraße, Ecke Breite Straße. Zum Architektenentwurf gibt es unterschiedliche Quellen. Die einen benennen die Architekten Gerber und Harder aus Hamburg, die anderen den Architekten Zerbe als Baumeister. Das Gebäude ist stattlich, hat einen für die Straße ungewöhnlichen stufenförmigen Giebel, der damals viel diskutiert und schließlich als hanseatische Note für gut befunden wurde. Die Plastik an der Giebelfront ist eine Arbeit des Bildhauers Wilhelm Wandschneider (1866–1942) aus Plau. Nach der Wende war auch der stattliche Bau den Anforderungen an ein modernes Geldinstitut nicht mehr gewachsen. An anderer Stelle, am Alexandrinenplatz, wurde ein neues Sparkassenhaus gebaut und im Jahre 2000 eröffnet. Die alte Sparkasse ist nach 65 Jahren „in Rente gegangen“ und wird seitdem für Wohnungen genutzt.

Um 1953
Tankstelle Winkelmann

Tanken in der Stadt war vor einhundert Jahren eine Seltenheit. Das Fahrradhaus Karl Winkelmann verfügte über dieses Alleinstellungsmerkmal. Es hatte im Jahre 1929 die Genehmigung zur Aufstellung einer Tanksäule erhalten und war damit ein attraktiver Punkt in der Stadt. Der Mechaniker Karl Winkelmann war aus Westfalen nach Mecklenburg gekommen. 1923 gründete er in Ludwigslust ein Geschäft für Nähmaschinenhandel und Reparatur. Das erweiterte er 1936 in der Lindenstraße als „Auto-, Motorrad-, Fahrrad- und Nähmaschinengeschäft". Sein Sohn Karl Winkelmann übernahm den Betrieb bis zum Kriegsausbruch 1939. Nach einigen Jahren der Unterbrechung wurde das Geschäft von dessen Sohn Karl-Heinz Winkelmann weitergeführt und ist seit 1990 das führende Haus für „Fahrräder, Nähmaschinen, Ersatzteile, Reparaturen, Mechanische Werkstatt". Im Jahre 2016 hat sich Karl-Heinz Winkelmann zur Ruhe gesetzt und den Familienbetrieb an Jacqueline Fey verpachtet.

Größte Mecklenbg. Wurst- und Fleischkonservenfabrik Gebrüder Schulze & Söhne, Ludwigslust i.M.

Um 1932
Ludwigsluster Fleischfabrik

Am Ende der Schulstraße siedelte sich 1892 die Wurst- und Fleischwarenfabrik der Brüder Schulze an, die sich innerhalb weniger Jahre zur größten Fabrik dieser Art in Mecklenburg entwickelte. Friedrich der Fromme hatte gewünscht, dass es in seinem Hofstaat in Ludwigslust weder Lärm noch Rauch geben möge. Das war einhundert Jahre später ein frommer Wunsch! Die Brüder Ernst und Hermann Schulze eröffneten zunächst einen kleinen Fleischerladen, schlachteten pro Woche vier Schweine sowie drei bis fünf Kälber. 1896 wurde aus dem Laden eine Fabrik mit Kraftstrom. Im Ersten Weltkrieg versorgte die Ludwigsluster Fleischfabrik Teile des Heeres, im Zweiten Weltkrieg war sie Auftragnehmer der Wehrmacht. 1952 wurde das Unternehmen verstaatlicht. In den 1980er-Jahren beschäftigte der VE Fleischwarenbetrieb 440 Werktätige. Nach der Wende zog die Fleisch- und Wurstspezialitäten GmbH und Co. KG an den Stadtrand. Sie hat über zweihundert Mitarbeiter und gilt als eine der modernsten Wurstfabriken in Deutschland. Am ehemaligen Standort blieb nur das Kesselhaus erhalten, ein Kernstück der Fabrik. Seine äußere Hülle erinnert noch an den Zweckbau. Die Inschrift verweist auf seine heutige Bestimmung: Hotel und Restaurant Erbprinz – ein modernes Vier-Sterne-Hotel.

Um 1990
Schweriner Straße 8

Die Schweriner Straße wurde ab 1815 von Hofbaumeister Johann Georg Barca als Durchgangsstraße angelegt. Ursprünglich war vorgesehen, die Straße mit zweigeschossigen Häusern zu bebauen. Aus Kostengründen wurden die meisten Häuser eingeschossig und im Fachwerk ausgeführt. Im Laufe der Zeiten und wechselnden Regierungen änderte sich der Name der Straße mehrfach. Im „Dritten Reich" hieß sie Adolf-Hitler Straße, nach dem Zweiten Weltkrieg Stalinstraße. Nach Stalins Tod bekam sie ihren ursprünglichen Namen zurück. An baulicher Schönheit ist die Schweriner Straße ihren Schwesterstraßen, der Schloßstraße und der Kanalstraße, unterlegen, dennoch war sie im 19. und 20. Jahrhundert eine lebendige Straße, in der Händler und Kaufleute ihre Geschäfte machten. Es gab den Gasthof Stadt Bremen, später Rostocker Hof, die Lederwarenhandlung Hermann Hennicke & Söhne, die Färberei und chemische Reinigungsanstalt Karl Schuhr, die Bäckerei Bremer, den Eisenwarenladen Schreckengast sowie die Hirschapotheke. Heute hat die Schweriner Straße ein geordnetes Gesicht mit regelmäßigen Parktaschen, die den Durchgangsverkehr beruhigen. Im Frühjahr blüht der Rotdorn am Straßenrand. Im Haus Nr. 8 hat sich eine Floristin niedergelassen. Es ist noch viel Platz in der Straße für Handel und Gewerbe.

Um 1908
Schweriner Tor

Wie alle Stadttore von Ludwigslust war auch das Schweriner Tor weder bedeutend noch schön. Der Platz, an dem es stand, trug viele Jahre seinen Namen. Mehrere Straßen führen vom Platz aus strahlenförmig in die Stadt. Das zweistöckige Wohnhaus, das noch heute seine dominante Rolle behauptet, wurde im Jahre 1836 als Abschluss und architektonische Verknüpfung der Schweriner- und der Kanalstraße angelegt. Später wurde in diesem Haus eine Dampfmühle betrieben, für die ein großer Schornstein errichtet werden musste. Der Platz vor dem Schweriner Tor wurde mehrfach umbenannt. In den 1930er-Jahren trug er den Namen Hindenburgplatz. Heute heißt er, wie auch zu DDR-Zeiten, Platz des Friedens. Am Platz des Friedens stand auch ein Kriegerdenkmal. Es war der Form nach eine Säule und nach der Siegesgöttin Viktoria, deren Figur in luftiger Höhe auf der Säule stand, Siegessäule genannt. Im Laufe der Zeit wurde sie baufällig. Nachdem ein Flügel der Figur durch einen Sturm abgerissen worden war, wurde das Denkmal in den 1960er Jahren abgetragen. Der Platz ist heute auch ohne Tor und Siegessäule ein anmutiges Areal, leider von stiller Schönheit. Es fehlen Geschäfte und Einrichtungen.

Um 1910
Kanalstraße

Ab 1809 setzte Johann Georg Barca das Werk von Hofbaumeister Johann Joachim Busch fort. Er machte einen verbindlichen Plan für die Bebauung der Straßen. In der Kanalstraße dominierten Häuser im klassizistischen Stil. Sie waren für die Offiziere und für Schulen vorgesehen. Die meisten Häuser der Kanalstraße wurden in der ersten Hälfte des 19. Jahrhunderts errichtet, zunächst auf der Seite dem Kanal gegenüber. Die ursprüngliche Idee Barcas, die Straße zu einer großzügigen Promenade beiderseits des Kanals anzulegen, blieb unvollendet. Die Kanalseite wurde erst später bebaut. 1818 errichtete Barca in der Kanalstraße 22 das zweigeschossige Haus für Hofmaler Rudolph Suhrlandt. Suhrlandt war ein geschätzter Maler und stand bei der herzoglichen Familie in hohem Ansehen. Er prägte das künstlerische Leben in Ludwigslust maßgeblich mit. Das Nachbargebäude, Kanalstraße 20, errichtete Barca im Jahre 1817 für sich und seine Familie. Die Kanalstraße ist bis heute eine schöne Straße, die die einheitliche Handschrift ihres Architekten trägt. Das Fließgewässer des Kanals gibt der strengen Straße eine lockere Begleitung. Besonders schön ist es hier im Sommer, wenn Grünpflanzen und Sträucher die Kanalufer überbordend säumen.

Um 1830

Landschullehrerseminar / Fritz-Reuter-Schule

Das stattliche Gebäude in der Kanalstraße 26 wurde 1829 von Landbaumeister Georg Friedrich Groß (1791–1837) als lang gestreckter, zweigeschossiger Bau im klassizistischen Stil errichtet, ein zur Ausbildung von Landschullehrern konzipiertes Haus. Das Lehrerseminar genoss hohes Ansehen in Mecklenburg. Großherzog Friedrich Franz I. gab ihm in den Jahren 1830 bis 1833 beste landesherrliche Unterstützung: freie Wohnung, freien Mittagstisch, freien Unterricht. Nach der Verlegung des Landschullehrerseminars 1862 nach Neukloster wurde das Gebäude als Kaserne für unterschiedliche militärische Einheiten eingerichtet und hieß entsprechend seiner Belegung Jäger-, Reiter-, Dragonerkaserne – oder einfach Kanalkaserne. 1930 kaufte die Stadt das Gebäude. Die Kaserne wurde umgebaut und ab 1931 mehr als sechzig Jahre lang als Volks- und Mittelschule genutzt. Kurze Zeit diente sie in den Jahren 1945/46 als Lazarett und Seuchenkrankenhaus. 1946 gab es für das Gebäude einen Neuanfang als Fritz Reuter-Schule, liebevoll „Fritze" genannt. Sie existierte zunächst als achtklassige, dann bis 1992 als zehnklassige Schule. Nach einigen Jahren der Neustrukturierung im Schulwesen wurde sie mit dem Schuljahr 2003/04 als Fritz-Reuter-Grundschule wiedereröffnet.

Um 1957
Lichtspielhaus / Luna Filmtheater

Das Luna Filmtheater gehört zu den besonders schönen Häusern in der Kanalstraße. Man sagt, Bernhard Spetzler (1883–1971), der bisweilen mit dem Großherzog Schach spielte, habe den Grund und Boden von Letzterem geschenkt bekommen. 1912 baute der gebürtige Däne hier ein Kino. Es war das erste Lichtspielhaus in Mecklenburg. Spetzler produzierte eigene Fünf-Minuten-Filme über den Alltag in der Stadt. Die Filme wechselten jede Woche – eine frühe aktuelle Wochenschau, die bei den Ludwigslustern sehr beliebt war. Seit 2005 betreiben Bettina Westermann und Christian Quis das Luna Filmtheater. 2009 wurde das Kino komplett saniert. Es hat zwei Säle mit siebzig beziehungsweise vierzig Plätzen und verfügt über moderne Vorführtechnik. Der Eingangsbereich, eine Stahl-Glas-Konstruktion, hat Café-Charakter. Wie ein kleines Theaterhaus fügt sich das Kino in die in klassizistischer Manier gebaute Straße. Das Filmangebot der Betreiber vom Kassenschlager bis zum Programmkino folgt ihrem Motto: Kino ist Leben pur. Das Ludwigsluster Kino in der Kanalstraße 13 ist beliebt wie zu Spetzlers Zeiten.

Um 1942
Schauspielhaus

Mithilfe des Herzogs Friedrich Franz I. konnte sich die Klubgesellschaft Sozietät im Jahre 1801 ein eigenes Klubhaus auf der Bleiche bauen. 1833 stellte die Sozietät den Antrag zum Bau eines Schauspielhauses. Landbaumeister Georg Friedrich Groß führte den Auftrag aus. 1834 wurde das Schauspielhaus mit einem Konzert und einem Ball eröffnet. Es war ein nüchterner viereckiger Bau aus Fachwerk, mit Ziegeldach und einigen Anbauten, einem Zuschauerraum für dreihundert Menschen, sechzig Galerieplätzen, Foyer, Räumen für Künstler und Requisiten, einer großen Bühne und Platz für Orchester. Dieses Haus war bis zum Beginn des 20. Jahrhunderts ein wichtiger Impulsgeber für das geistig-kulturelle Leben in Ludwigslust. Während des Ersten Weltkrieges diente es als Vorratsraum für Lebensmittel. 1921 übernahm ein Kunstverein das Schauspielhaus. Eine letzte, kurze Blütezeit erlebte es nach dem Zweiten Weltkrieg, als das Haus auf Drängen des Bürgermeisters Bruno Theek (1891–1990) wiedereröffnet wurde. Das Theater auf der Bleiche zeigte unter anderem Friedrich Wolfs *Professor Mamlock* und Goethes *Faust*. Der später berühmte Schauspieler Fred Düren (1928–2015) spielte den Mephisto. 1947 brannte das Theater völlig nieder. Seitdem bedeckt grüner Rasen den Ort, wo einst eine Bühne stand.

Um 1880
Stift Bethlehem

Vom Bahnhof kommend, fallen links der Straße hinter den alten Linden und dem Kanallauf die dunkelroten Backsteingebäude von Stift Bethlehem auf. Das Gelände bildet fast einen eigenen Stadtteil. Die Anfänge des Stifts reichen in das Jahr 1847 zurück. Damals richtete Helene von Bülow (1816–1890), eine Tochter aus begütertem Haus und ausgebildet in Diakonie und Krankenpflege, auf dem heutigen Stiftsgelände ein Kinderhospital ein, besonders für Kinder aus der armen Bevölkerung. 1851 kam ein Diakonissenhaus hinzu. Die Einrichtung erhielt den Namen Stift Bethlehem. In den Jahren der Choleraepidemie (1859 und 1866) und der Pockenepidemie (1871) leisteten Ärzte und Diakonissen große Hilfe. Die Einrichtung vergrößerte sich ständig. Männer-, Frauen- und Kinderstationen kamen hinzu. Das Siechenhaus, zwischen Bethlehemskirche und Pastorengebäude gelegen, gibt es seit 1875. Seit 2011 sind das ehemalige Evangelische Krankenhaus Stift Bethlehem und das Kreiskrankenhaus Hagenow in der Westmecklenburg Klinikum Helene von Bülow GmbH vereint. Die Klinikgesellschaft ist zuständig für die Grund-, Regel- und Notfallversorgung. Die umfängliche medizinische Betreuung vor Ort wurde umverteilt. Das Stift sieht seinen Schwerpunkt unter anderem in der ambulanten und stationären Betreuung psychisch kranker Menschen.

Um 1930
Bahnhof

Mit dem Bau des Bahnhofs Ludwigslust wurde 1944 begonnen. Zuvor war der Streckenvertrag Berlin–Hamburg ausgehandelt worden. 1846 konnte die Eisenbahnlinie in Betrieb genommen werden. Der erste Bahnsteig war bereits überdacht. Auch der Tunnel als Zugang zu den Bahnsteigen existierte schon. Weitere Bahnstrecken folgten: 1880 nach Parchim, 1888 nach Schwerin, 1890 nach Dömitz. Der Bahnhofsvorplatz wurde gepflastert, Grünanlagen wurden angelegt. Der schmucke Bahnhof im spätklassizistischen Stil, vermutlich nach den Vorgaben des preußischen Baubeamten Friedrich Neuhaus (1797–1876) errichtet, gab der Stadt Bedeutung. Vor dem Ersten Weltkrieg passierten täglich mehr als zwanzig Züge Ludwigslust in Richtung Hamburg und Berlin. Nach Schwerin konnte man beinahe jede Stunde fahren. Anfang der 1930er-Jahre fuhr der legendäre „Fliegende Hamburger“ den Bahnhof Ludwigslust an, ein Gliederzug mit Dieselantrieb. Nach der Wiedervereinigung 1990 wurde der Schienenverkehr moderner und internationaler. Der Intercity hält mehrmals täglich in Ludwigslust. Regional- und Nahverkehr sind komfortabler geworden. Mit dem ICE ist man in etwa vierzig Minuten im 120 Kilometer entfernten Hamburg oder in einer Stunde in der Hauptstadt Berlin. Ludwigslust ist ein wichtiger Pendler- und Umsteigebahnhof. Die unzureichenden Parkmöglichkeiten sollen mit einem Tunnelbau gelöst werden.

Buchreihe **Einst und Jetzt**

1 Bad Freienwalde
2 Frankfurt (Oder)
3 Rüdersdorf bei Berlin
4 Eisenhüttenstadt
5 Schwedt/Oder
6 Land Brandenburg
7 Strausberg
8 Eberswalde
9 Cottbus
10 Kirchen im Oderbruch
11 Görlitz
12 Universität Potsdam
13 Beeskow
14 Medienstadt Babelsberg
15 Sachsen-Anhalt
16 Fürstenwalde
17 Bernau
18 Hennigsdorf
19 Flughafen Schönefeld
20 Insel Usedom
21 Hochschule Eberswalde
22 Brandenburg/Havel I
23 Oranienburg
24 Neuruppin
25 Fredersdorf-Vogelsdorf
26 Wildeshausen
27 Gestüte In Neustadt/Dosse
28 Prenzlau
29 Unternehmen In Ostbrandenburg
30 Neuenhagen Bei Berlin
31 Rathenow
32 Landkreis Barnim
33 Brandenburg/Havel II
34 Ganderkesee
35 Stadtschloss Potsdam/Landtag
36 Bremen-Schwachhausen
37 Berlin-Schöneberg
38 Stettin/Szczecin
39 Guben-Gubin
40 Nationalpark Unteres Odertal
41 Land Brandenburg 100 Unternehmen aus 25 Jahren
42 Weimar
43 Angermünde
44 Berlin-Friedenau
45 Breslau/Wrocław
46 Seelow
47 Hoppegarten
48 Amt Gransee und Gemeinden
49 Schwerin
50 Rennbahn Hoppegarten
51 Danzig/Gdańsk
52 Rheinsberg
53 Ludwigslust

DANZIG/GDAŃSK
INSEL USEDOM
SCHWERIN
MECKLENBURG VORPOMMERN
STETTIN/SZCZECIN
LUDWIGSLUST
PRENZLAU
KESEE
BREMEN-SCHWACHHAUSEN
SHAUSEN
RHEINSBERG
SCHWEDT
BRANDENBURG
ANGERMÜNDE
GRANSEE
NATIONALPARK UNTERES ODERTAL
ODER
NEURUPPIN
EBERSWALDE
ODERBRUCH
BAD FREIENWALDE
POLEN
NEUSTADT/DOSSE
STRAUSBERG
NIEDERSACHSEN
ORANIENBURG
BERNAU
NEUENHAGEN
SEELOW
HENNIGSDORF
(RENNBAHN) HOPPEGARTEN
RATHENOW
FREDERSDORF-VOGELSDORF
BERLIN
RÜDERSDORF
POTSDAM
BABELSBERG
FRANKFURT (ODER)
SŁUBICE
FÜRSTENWALDE
BRANDENBURG/
HAVEL
FLUGHAFEN
SCHÖNEFELD
ODER
BEESKOW
EISENHÜTTENSTADT
GUBEN-GUBIN
SACHSEN
ANHALT
COTTBUS
NEISSE
NEISSE
BRESLAU/WROCŁAW
GÖRLITZ
SACHSEN
WEIMAR
THÜRINGEN
TSCHECHIEN

Josephine Brückner/Harriet Stürmer
Einst und Jetzt
Görlitz
ISBN 978-3-945256-72-5
€ 16,99 (D) / € 17,40 (A)

Dietmar Stehr
Einst und Jetzt
Rheinsberg
ISBN 978-3-945256-87-9
€ 16,99 (D) / € 17,40 (A)

Hanne Bahra
Einst und Jetzt
Schwerin
ISBN 978-3-945256-81-7
€ 16,99 (D) / € 17,40 (A)

Dietrich Schröder
Einst und Jetzt
Danzig/Gdańsk
deutsch/polnisch
ISBN 978-3-945256-88-6
€ 16,99 (D) / € 17,40 (A)

Dietrich Schröder/Bogdana Kozińska
Einst und Jetzt
Stettin/Szczecin
deutsch/polnisch
ISBN 978-3-945256-49-7
€ 14,99 (D) / € 15,40 (A)

Dietrich Schröder
Einst und Jetzt
Breslau/Wrocław
deutsch/polnisch
ISBN 978-3-945256-48-0
€ 16,99 (D) / € 17,40 (A)